I CARBONARI DEL DICIASSETTE

SCENE STORICHE IN DUE PARTI

Personaggi

DELLA PARTE 1.ª

Il Presidente (*Conte Cesare Gallo*).
Il Vice-Presidente.
Il Tribuno borghese.
Il Tribuno operaio.
Il Tribuno del contado.
Un Ospite (*Elena Monti D'Arnaud*).
Il 1.º Decurione
Il 2.º Decurione.
Il 3.º Decurione.
Molti altri Decurioni.
Un Custode.

DELLA PARTE 2.ª

Il Conte Cesare Gallo.
Il Marchese.
Il Gentiluomo di spada e cappa.
Elena Monti D'Arnaud.
Il Tribuno operaio.
Il Custode.
Un servo.
Altri servi, che non parlano.

L'azione della 1.ª parte è in Macerata; della 2.ª parte è
all'Abbadia di Fiastra.
Epoca: Giugno 1817

In the interest of creating a more extensive selection of rare historical book reprints, we have chosen to reproduce this title even though it may possibly have occasional imperfections such as missing and blurred pages, missing text, poor pictures, markings, dark backgrounds and other reproduction issues beyond our control. Because this work is culturally important, we have made it available as a part of our commitment to protecting, preserving and promoting the world's literature. Thank you for your understanding.

XV MAGGIO MDCCCXCVIII

A TE AMABILISSIMA

GIORGIA MONTINI

CHE OGGI DAI FEDE DI SPOSA

AL NOBILE SIGNORE

Dottor MICHELE D'ALESIO

ALLA SPOSA

Ispirazione e conforto e spesso unica lode a qualche mio lavoruccio d'argomento umanitario o patriottico, io m' ebbi sempre da quella santissima e culta Donna, che fu tua Zia affettuosa e mia Moglie diletta, **EDVIGE MONTINI.** *E queste* **Scene** *di storia paesana, le quali oggi pubblico la prima volta, mi furono appunto proposte e approvate da Lei; — nacquero anzi come studio domestico, fatto quasi in comune. — E quando, più anni dopo, nel 29 aprile 1895, festeggiandosi qui l' inaugurazione del Monumento Garibaldi, vennero esse rappresentate al Politeama, fu quello, ahimè!, l' ultimo godimento che Le fu consentito dalla già malferma salute.*

Il pubblicarle dunque oggi per il tuo geniale Sposalizio e l' intitolarle a Te, che tanto a Lei fosti cara, mi sembra un chiamarla ad assistere alla tua felicità, e un farmi presentatore di Lei allo Sposo tuo ch' Ella non conobbe, ma che Ti augurò buono e cortese, quale l' hai scelto.

E mi sembra ancora che il fissare con la stampa questo riverbero del Suo pensiero, giovi a perpetuarti la memoria di quella Benedetta, degnissima di vivere per sempre negli affetti nostri!

Macerata, 11 Maggio 1898.

Tuo cordialissimo
D. CARZINI JALFON

NOTIZIE STORICHE
E IN PARTE ORALI
SUL TENTATIVO PATRIOTTICO DEL 1817
IN MACERATA

Questa cospirazione fu ordita dai Carbonari della Marca, che impazienti di attendere da Bologna l'approvazione di quel piano generale di sommossa, proposto da Paolo Monti gran maestro della Carboneria di Fermo, vollero tentare da soli la ventura nel giugno 1817 per un'occasione che, come dirò poi, parve loro propizia.

Nel relativo Processo politico del 17 è attestato da concordi deposizioni che scopo essenziale della Carboneria era « la distruzione dei governi ove il potere non risieda nella « nazione ». A consimile scopo mirava veramente anche il Guelfismo, nato e diffusosi come società politica quasi ad un tempo con la Carboneria; tant'è vero, che verso la fine del 1816 si adoperò in Roma da parecchi a ravvicinare gli affiliati dell'una a quelli dell'altra setta; — le quali un grave dissenso manteneva divise, ed era in materia spirituale: ossia, per dirla coi Carbonari puri del tempo, in materia « d'impostura religiosa ».

A ciò aggiunsero i Carbonari della Marca con felice presentimento il concetto unitario; e ripigliarono quasi quello stesso che fino dal tempo del dominio napoleonico era stato vagheggiato dai patriotti più idealisti; e che mirò a sottrarre l' Italia al giogo di Bonaparte e renderla libera unendovi le isole di Corsica, Sardegna, Sicilia, quelle dell' Adriatico e le Ionie; sede del nuovo impero sarebbe stata Roma; ceduta l' Illiria al Re di Napoli in compenso della Sicilia; si sarebbero adottate le insegne di Roma antica e con esse la denominazione delle legioni romane ed ausiliarie.

Prevalse insomma nei Carbonari del 1817 lo spirito libero di quell' antica Società segreta che va sotto il nome di Framassoneria; Società umanitaria e religiosa, che pare avesse molta somiglianza coi Puritani di Scozia e d' Inghilterra; e che, professando una morale severa, esigeva la riforma dei costumi e dei governi, tendeva all' unione dei popoli e abborriva da ogni superstizione.

Sotto l' impulso e la guida dei Framassoni entrò dunque nell' azione politica la Carboneria, che lo stesso Pio VII nella sua bolla di scomunica del 13 settembre 1821 chiamò « *una emanazione o almeno una imitazione della Massoneria* ».

*
* *

I Carbonari della Marca avevano in Ancona il centro superiore (Alta Vendita) *e in Macerata una* Vendita Madre, *centro di operazione. Tramarono d' intesa coi Carbonari di Roma e delle Legazioni, e quasi certo con quelli ancora del Polesine diretti dal sopracchiamato Pretore Sallustio (Felice Foresti da Conselice Pretore di Crespino); onde, nelle seguenti Scene, l' episodio, tra storico e ideale, della visitatrice Elena Monti D'Arnaud,* « *donna indefinibile,* « *testa vulcanica e bizzarra, ... spirito naturalmente* « *coraggioso e intraprendente* ». (Registro inedito della polizia secreta austriaca, *spigolato dal Prof. Attilio Centelli nel 1895 presso i Regi Archivi di Stato a Venezia*).

Tramarono fors' anche d' intesa coi Carbonari di Na-

poli e dell' Abruzzo e specialmente di Chieti; presso il qual luogo s' aggirava fuggiasco uno dei principali giacobini *maceratesi, Vincenzo Pannelli, che là fu incontrato verso quel tempo dal patriota Ing. Francesco Cattabeni di Sinigaglia. Il quale, secondo ch' egli stesso mi disse, ve lo trovò insieme con altri* giacobini *abruzzesi nell' atto di redigere una Costituzione liberale per i prossimi moti che si speravano.*

La cospirazione maceratese mirò ad iniziare il moto unitario-repubblicano negli Stati Pontifici, come sprone ed esempio all' intero « *corpo dell' indipendente Potenza ita-*
« *lica che dovevasi costituire* » (Ristretto del Processo informativo del 17); — *e imbevuta dei ricordi classici di Roma, rinverditi dalla rivoluzione dell' 89, traeva per il nuovo ordinamento nomi e forme e ispirazioni dall' antico; e apparecchiava al conte Cesare Gallo di Osimo, allora Preposto del Registro in Macerata e gran maestro della Vendita Madre, i fasci di Console nella nuova repubblica.* — *Onde, nelle seguenti* Scene, *mi è parso dover riprodurre, anche per lo stile un po' affannoso ed eroico, quel colore locale.*

.*.

Un nobile Signore, di antico patriottismo, illustre cultore e mecenate di arti liberali, qui da più anni residente, ebbe dal proprio padre ragguagli precisi e circostanziati sul fatto del 17, raccolti dalla bocca dello stesso conte Gallo. Il quale non aveva dubitato di rivelarli al detto padre di lui, come a persona cui doveva principalmente l' essere stato graziato della vita per caldo patrocinio assuntone presso il primo Ministro Card. Consalvi, suo parente. E quando nel 1831 venne il conte Gallo liberato dal carcere, fu questi maestro di lingue straniere al giovine figlio del suo salva-

tore, ossia allo stesso nobile Signore, che oggi, per tratto di amichevole cortesia, mi ha confidato a voce quei ragguagli.

Ecco dunque come il fatto si sarebbe svolto.

Si tenevano in Macerata, già da qualche tempo e certo fin dal principio del 1816, frequenti assemblee segrete nell'edifizio che ora è sede restaurata del Seminario Vescovile, allora in costruzione; e aveva già prima servito come sede di non so quale ufficio governativo sotto il Regno italico. Queste assemblee, i cui membri erano in gran parte ufficiali pubblici e persone di conto, si tenevano con i riti massonico-carbonareschi; e quivi si preparò il moto, che avrebbe dovuto scoppiare come segue.

A ventun'ora d'un dato giorno (tre ore prima della avemaria), doveva suonare il campanone di piazza a rintocchi, e a quel suono dovevano accorrere in arme tutti i cospiratori e i loro seguaci, far impeto nella piazza maggiore e disarmare i corpi di guardia, occupare il Governo, le Caserme, le Carceri, i Tribunali, la Cassa pubblica, il Municipio. Ciò fatto, verso sera si sarebbero accesi grossi fuochi sulla torre di piazza e nelle colline circostanti, per dar l'avviso del riuscito movimento agli aderenti dei paesi vicini; e questi avrebbero dovuto anch'essi, nella notte, levar rumore e disarmare le guardie e avvisar similmente con fuochi e messaggi; e così sarebbesi di colpo diramata ed estesa la ribellione.

Infieriva in quel tempo in Macerata il tifo petecchiale; e qui come altrove una gran carestia; tantochè si ha memoria manoscritta di povera gente trovata nelle nostre campagne morta di fame, con piena la bocca di fieno invano masticato. Queste pubbliche sofferenze davano incentivo alla rivolta; ma non erano compiuti gli ultimi apparecchi, quando la sopraggiunta notizia della malattia di Pio VII, che fu creduta più grave di quanto fosse in realtà — e qui anzi lo si credette in extremis —, fece romper gli indugi e affrettare lo scoppio.

Ma già in paese, per qualche inevitabile indiscrezione, si susurrava di novità che si macchinasse. Il capo della polizia maceratese, un tal Mattioli da Cingoli, ebbe fumo della cosa, e seppe o indovinò che avrebbero i novatori fatto popolo a suono di campanone. Onde chetamente fece calar giù il battaglio di metallo e appiccarvene uno di legno. (A). Quando dunque la sera di quel giorno, 23 giugno 1817, a ventun'ora com'era prefisso, una decuria di rivoltosi andò per suonare il campanone, dovette scuotere inutilmente e di tutta forza le corde....; il segnale non fu sentito!

Nessuno dunque si mosse in armi quella sera. Soltanto nelle primissime ore del mattino dipoi (notte di S. Giovanni), alcuni capi di decuria, che stavano in attesa coi loro armati nella vicina campagna, sorpresi della inaspet-

---

(A) Di questo Mattioli aggiungerò, che uno de' suoi figli, sacerdote, fu nel 1832 o 33 Rettore del Collegio di Osimo, ed ivi gli accadde questo curioso episodio. Il mio nobile interlocutore, stato vari anni prima alunno in quel Collegio, nel passare per Osimo insieme con due amici romani, i fratelli Garofolini, volle per cortesia salire al Rettorato e rivedere i suoi antichi maestri. Vi trovò un nuovo Rettore, il detto Mattioli; al quale presentò naturalmente i due amici che l'accompagnavano.

Appena il Rettore intese il cognome Garofolini di Roma, mutò ad un tratto fisonomia e contegno, impallidì, arrossì, apparve imbarazzato e quasi sgomento, e si sbrigò in gran fretta della visita. All'amico, rimasto attonito della cosa, i due spiegarono subito l'arcano. Un loro fratello maggiore, già partecipe in Roma della cospirazione Maceratese del 17, e che in quel tempo si era lestamente salvato a Londra, era stato denunziato dal poliziotto Mattioli, padre del Rettore. Forse questi temette, al vederseli avanti, di qualche attentato!

tata quiete del paese, si avvicinarono alle mura disarmando una sentinella e tirando qualche colpo. Ma accortisi della mancata sommossa, si ritirarono bentosto e si dispersero.

Intanto il Conte Cesare Gallo aspettava gli avvenimenti in un antico monastero medievale, detto la Badia, vasta proprietà del marchese (oggi principe) Bandini, presso il fiume Fiastra, a otto miglia da Macerata. Ed ecco sopraggiungere colà un nuovo ospite: un personaggio dell'alto patriziato romano, del quale il mio interlocutore *non ha voluto per delicato riguardo palesarmi il nome; e presentatosi sotto colore d'amicizia, essendo buon conoscente così del padrone di casa come del conte Gallo, si trattenne ivi ad alloggiare. Ma nella mezzanotte, quando tutti dormivano, andò a picchiare all'uscio della camera del conte; ed essendogli aperto, gli spalancò le finestre additandogli le guardie che circuivano l'abitazione; e trattosi allora di tasca l'ordine uffiziale di cattura, intimò al conte l'arresto. Di sì turpe atto di violata ospitalità restò tanto indignato il padrone di casa, benchè papalino, marchese Bandini, che invei contro il patrizio e lo scacciò sul momento. Ne uscì difatti, consegnando il prigioniero a un capitano di gendarmi pontifici, appostato di fuori con i suoi, come s'è detto.*

Così fu tradotto incatenato il conte Cesare Gallo a Civita Castellana e poi a Roma, insieme con altri Carbonari presi in Macerata e nei dintorni.

Il resto è noto. In Roma fu fatto il processo ed ivi si conserva negli Archivi. Con tre sentenze, proferite nel 1818, furono condannati tredici a morte e ventidue alla galera. Pio VII commutò a tutti la pena di morte in relegazione perpetua entro una fortezza, e diminuì agli altri la durata dei ferri.

* *

Ma per significare il carattere e le aderenze di quella cospirazione, — che fu da pochi storici saputa, da pochissimi studiata, (B) e da taluno detta « più folle che temeraria » — giova ricordare che in quello stesso anno avvennero a Napoli, per opera di un Giampietro direttore di polizia, molti arresti e condanne di Carbonari, senza giudizio e senza difesa; e lo stesso ad un tempo nella provincia di Lecce. L'anno dipoi, 1818, si scopersero le fila della cospirazione del Polesine, a cui accennai da principio, capitanata dal pretore Sallustio; e fu pure in quel torno che si arrischiò un tentativo di sbarco presso al Porto d'Ascoli con pochi armati dell'Abruzzo per opera del mentovato Vincenzo Pannelli; che fu allora preso e condannato all'ergastolo e morì quattro anni dopo nel manicomio di Macerata.

Questa fine e questi echi ebbe per allora il mancato movimento unitario del 1817 nella nostra città; il primo che fu ordito dopo la Ristorazione.

Ma fu buon seme, che dovea fruttificare quarant'anni più tardi.

D. C. J.

(B) Fra questi pochissimi è da lodare singolarmente l'anonimo Autore (credesi **Celestino Bianchi** già Segretario del Ricasoli) del « Com-« pendio di *Storia Moderna* dal 1454 al 1830 ad uso delle alunne del-« l'I. e R. Istituto della SS. Annunziata di Firenze » — edito del 1853.

Benchè si tratti di un *compendio*, e scritto in tempi di servitù, e per uso di educande di un I. e R. Conservatorio, il nostro episodio del 17 assume ivi il suo giusto valore e vi è raccontato con gran diligenza e precisione e con maestrìa di forma assai suggestiva.

PARTE I.ª

Grande aula a travi e in rozzo stato. In alto una raggiera scintillante a triangolo. A destra e a sinistra di questa poggiano la bandiera Massonica e quella dei Carbonari. Nel fondo il banco della Presidenza, con sopravi una spada lucidissima. Altri banchi minori del Vice-Presidente e dei Tribuni, con spade. Molti sgabelli ai lati dell'aula. Dalle pareti pendono pure qua e là molte spade (non pugnali). — È notte; rischiarata debolmente da lumi. Nessuna finestra apparente. Un solo ingresso, il comune, all'estremità di uno dei lati dell'aula. Un uscio segreto, nel fondo, che non apparisce.

SCENA I.ª

Tutti i personaggi sono in iscena, meno l'Ospite e il Custode

Presidente — Fratelli e Cugini d'*Ausonia!* Abbiamo lettere da Roma. Il papa è in fin di vita.

Tribuno borghese — La sua fine sia il principio della vita d'Italia.

Presidente — A Pio VII non deve succedere un Pio VIII. È tempo che l'Italia smetta questi piccoli re, e che si unisca sotto un solo governo.

Un Decurione — Sì, sotto un *solo* governo; ma che questo sia un *libero* governo, e non come quello di Napoleone.

Tribuno operaio — Sì, sotto un solo e libero governo; ma che questo sia un governo *nazionale*, e non come quello di Napoleone.

— 18 —

Vice-Presidente — Lasciamo stare il grande esiliato di S. Elena, che adesso sconta l'errore di non aver fatta libera e indipendente la sua vera patria. — Però, l'aveva quasi riunita.

Presidente — Quasi!

Tribuno borghese — Quasi!

Vice-Presidente — Ma il proclama unitario di Rimini fu anch'esso un'eco di Napoleone.

Presidente — Fievole eco!, — dissipata subito qui a Macerata, e spenta a Pizzo di Calabria.

Tribuno del contado — Povero Murat!

Presidente — Non tocca a un uomo solo, ma tocca a tutti noi, a tutto il popolo, di far libera, una e indipendente la patria.

Vari Decurioni — Sì, a tutti noi! a tutto il popolo!

Vice-Presidente — Magari!

Presidente — È così che si riesce.

Tribuno borghese — É così!

Vice-Presidente — Cosi *sarà!*

Molti Decurioni — (*confusamente*) Viva l'Italia! Dalle Alpi al mare! Da Malta al Brennero! Da Trieste alle Bocche di Cattaro!

Tutti — (*levandosi con entusiasmo*) IDDIO LO VUOLE!

Presidente — Fratelli! Non levate alto la voce, chè non vi sentano le spie della Santa Alleanza. Bisogna piuttosto levare alto le armi.

Tribuno operaio — Le armi sono pronte.

Vice-Presidente — Le armi sì; ma gli armati? Quanti saremo al giorno della sommossa?

Presidente — Il momento è vicino. Bisogna fare l'ultimo appello dei nostri. — Voi, Tribuno operaio, quale aiuto ci darà la classe artigiana?

Tribuno operaio — Gli operai della città sono tutti con noi. Già soldati del regno Napoleonico, rivogliono le vecchie armi, tolte loro dall'imbelle governo dei preti, e consegnate contro essi a luridi cenciosi d'oltre monte e d'oltre mare. Via questa sbirraglia straniera, che maneggia sopra noi le vecchie armi nostre, e che ci frusta a spalle nude e a groppa d'asino sul Corso!

Presidente — E voi, Tribuno del contado, che notizie?

Tribuno del contado — Estenuati dalla carestia; inferociti dallo spettacolo dei compagni morti di fame col fieno in bocca; diradati dal tifo petecchiale qui nella Marca o dalla febbre di Maremma quando mietono là per pochi paoli l'altrui grano e le vite proprie, anche i contadini insorgeranno; — non tanto per amore dell'Italia, quanto per disperazione! — e più per far bottino, che per aiutarci!

Un Decurione — Trista compagnia, senza il sentimento di patria!

Tribuno del contado — Ma pur necessaria, per il numero.

Vice-Presidente — Purchè il numero non soverchi. Siano pochi, giacchè tristi! — *(Bisbiglio confuso)*.

Presidente — E voi, Tribuno borghese, che cosa pensano i vostri?

Tribuno borghese — Occorre chiederlo? É la nostra classe la Vestale del fuoco sacro. Siamo già ordinati in cinquanta decurie, pronte al segno convenuto che aspettano da Voi, nostro capo. Noi non siamo corpi soltanto; siamo anche anime. Non ci sommove il tifo petecchiale, non la carestia soltanto, non il *Corso dei frustati* soltanto; — ma più ci ribellano le cento dogane, di merci non solo, ma di parole, d'idee, di sentimenti persino; — il perpetuato deserto delle Maremme, campo di febbri non solo, ma di delitti; — l'interminabile Indice degl'immortali libri proibiti; — le soppresse Scuole del popolo, i negati Asili d'infanzia; — l'ozio forzato di noi secolari d'ogni ceto, esclusi come iloti di Sparta o come servi di Roma, da ogni partecipazione al governo delle cose nostre; — lo spadroneggiare tirannico di gente senza famiglia, sopra questo complesso di famiglie nostre, tutte nostre, che si chiama lo Stato!

Vice-Presidente — Bravo!

Tutti — Abbasso il governo temporale dei papi! Abbasso tutti i despoti d'Italia!

Presidente — A me, Conte Cesare Gallo, spetta ora informarvi del concorso dei nobili all'impresa nostra. — Fra i nobili, lo sapete voi tutti, il figlio primogenito, milionario a danno dei fratelli minori, guarda il mondo con la lente dell'uomo felice, ma non vende a Giacobbe la sua primogenitura. — Tra i figli cadetti, i più si fanno chierici; e diventati vescovi o cardinali, e arricchiti di mense o di piatti, trionfano padroni dello Stato. — Rimangono i pochi altri, che non cinsero neanche un collarino d'abate; e questi, impoveriti prima dal maggiorasco e poi dal lusso del proprio grado, invidiosi alla fortuna del primogenito, malevoli alla prepotenza del fratello prelato, sono i rivoluzionari della famiglia. Ci vuol poco a farne i rivoluzionari dello Stato. Ma, — mi chiedete voi —: lo sono essi di già? — Sì, vi rispondo; lo sono con l'animo.

Vice-Presidente — E col braccio? Insorgeranno costoro a viso aperto?

Presidente — Non tutti ancora. Forse anzi pochi. Troppo presto agonizza Pio VII. Ma questa opportunità, quand'anco precoce......

SCENA II.ª

Custode, entrando premuroso, e **Detti**.

Custode — Fratello Presidente! Si picchia forte a tre colpi sull'uscio del vestibolo.

Presidente — Tribuni, pronti alla difesa! (*Movimenti vari. I tre tribuni impugnano le spade rizzandosi*) — Che entri.

Custode — (*esce; poi rientrando annunzia*) Un giovine ospite. (*via*)

SCENA III.ª

Elena è tutta chiusa in lungo mantello d'incerato e col cappuccio in testa. Sotto avrà l'abito succinto. Un ricco ventaglio di madreperla le scende dalla cintura. Non deve apparir subito che è una donna.

Ospite — Fratelli! « *È invasa dai lupi la foresta* »!

Presidente — Bisogna purgarla, o giovinetto. — Diteci la parola nostra.

Ospite — *Iddio lo vuole!*

Presidente — E l'Italia con Iddio! Parlate ora liberamente, fratello.

Ospite — Chiamatemi sorella (*togliendosi il cappuccio e gettando il mantello*). Sono Elena Monti, moglie al generale fratello D'Arnaud.

Presidente — (*alquanto severo*). Dama di Re Murat, qui c'è un *Console* d'Italia! Imperatori e Re o non vollero o non seppero finora *purgar la foresta dai lupi*! — Dama di Re Murat, con che spirito venite fra noi?

Ospite — Con lo spirito del proclama di Rimini: l'unità e l'indipendenza della patria.

Presidente — Non basta. E anche la libertà.

Ospite — Sì, anche la libertà, o fratelli. E il Re lo scrisse chiaro. — Ma a noi, sudditi dell'Austria, quello che più preme, — comunquesia! — è scuotere il giogo straniero. Il Polesine sta per insorgere.

Presidente — Lo so dal pretore « Sallustio ».

Ospite — Che per mio mezzo v'invia salute e questo scritto — qui, sulla seta interna del ventaglio *(porgendolo)*.

Presidente — Apritelo voi, e leggetelo forte.

Ospite — *(disfacendo il ventaglio e leggendo)*. « Fratta, « 9 giorni fa. — Ebbene, che fate voi? Nel 1805 noi primi « ci sollevammo contro lo straniero. Lo straniero era al- « lora la Francia. Oggi lo straniero è l'Austria; e noi ci « apparecchiamo contro questa. Ma è impossibile vincere da « soli. Uniamoci. Corra dall'Adige al Tronto lo stesso grido: « liberiamo la Gran Madre! » *(Consegna la seta al Pres. che la rilegge.)*

Molti Decurioni — *(confusamente)*. Evviva, evviva, ai fratelli del Polesine! Il momento è venuto! Ci siamo! Finalmente! Che più s'aspetta?

Presidente — Silenzio! Anche da Bologna, anche da Roma, anche da Napoli, udiste voti consimili. Tutto persuade all'azione. Non c'è dunque tempo da perdere. — Ascoltate! — — I cinquanta capi di decuria partano oggi stesso, — mezzanotte è già sonata, — per le città della Marca e di Romagna e degli Abruzzi, a rinnovare gli accordi, ad affrettare i preparativi, ad avvertire del segnale improvviso che qui si darà per insorgere. — Voi, fratello Vice-Presidente, stabilite a ciascuno l'itinerario.

Vice-Presidente — È subito fatto. *(Si pone a scrivere qualche nome di paese su tante carte di picche e cuori)*:

I Decurioni — (*alzandosi*). Eccoci pronu.

Presidente — E il segnale sarà questo: — grossi fuochi nelle colline alla sera e alla notte. — La prima a darlo sarà Macerata. A ventun'ora d'un dato giorno....

Alcuni Decurioni — Di quale? Di qual giorno?

Presidente — Ascoltate! — A ventun'ora, quando sentirete sonare a rintocchi il campanone di piazza, i cinquecento *buoni cugini*, guidati da Voi, dovranno irrompere armati sui punti principali della città. Coraggio! — Verso l'alba, e non prima, dovrà giungere il rinforzo dei campagnuoli; — verso l'alba, a cosa già fatta, e per guardare i sobborghi.

Tribuno borghese — E non prima! Intendete?

Presidente — A cosa fatta, vi dico! Giacchè voi, Tribuno borghese, avrete già preso, fino dalle ventun'ore, il comando su tutti i decurioni, e occupato il Palazzo, le Caserme....

Un Decurione — Le Carceri!

Presidente — ....le Carceri,....

Altro Decurione — I Tribunali!

Presidente — ....i Tribunali,....

Altri Decurioni — La Comune!

Presidente — .... la Cassa, la Comune. — Avrete avuto per questo tre ore di tempo e ve n'avanza!

Tribuno borghese — Dunque all'avemaria....

Presidente — Si, al primo imbrunire darete il segnale del già mutato governo coll'accensione dei fuochi sulla Torre di piazza, nelle colline di Santa Croce, dei Cappuccini, della Madonna del Monte. Li vedranno i paesi vicini e faranno anch'essi altrettanto. Basterà una notte per sollevare tutta la Provincia e forse mezza la Marca.

Alcuni Decurioni — Ma quando? In quale notte?

Presidente — Impazienti! — Appena di ritorno, — e che sia presto, — venite a ragguagliarmi nel Convento della Badìa. Io sarò là per ricevervi alla spicciolata.

Vice-Presidente — (*che ha finito di scrivere*) Ecco le carte di viaggio per ciascuno di voi; le note carte di picche e cuori dai contrassegni segreti. (*Il Tribuno del contado porta un bossolo aperto avanti al banco del Vice-Presidente, il quale vi getta dentro le carte. Poi il Tribuno, riprendendo il bossolo, si va a collocare presso la porta d'uscita. Durante quest'azione del Tribuno segue senza intervallo quanto appresso:*)

Presidente — Ed eccovi il Proclama da diffondere: (*Porge quattro o cinque fogli aperti e stampati al Tribuno borghese e al Tribuno operaio, i quali, tenendosene una copia per ciascuno, dànno le altre a qualche Decurione.*) Imparatelo a mente.

Vice-Presidente — Nessuno scritto in tasca, nè cucito sugli abiti! Guardatevi sopratutto dai doganieri.

Un Decurione — Porteremo lo scritto dove essi non sanno frugare!....

Altro Decurione — Nel cuore;.... che non hanno!

Tribuno borghese — (*leggendo ad alta voce il Proclama tra un gruppo di Decurioni che gli fanno ressa d'attorno, mentre il Tribuno operaio fa altrettanto in mezzo ad un altro gruppo, e mentre altri gruppi si formano attorno agli altri Decurioni che hanno avuto il Proclama. — Il Proclama è testuale*)

« Popoli Pontificii! Quando l'Altissimo Iddio vuole pu-
« nire dei popoli, li consegna al Governo degl'imbecilli. »

Il 1.° gruppo di Decurioni — (*ripetendo a mezza voce e con raccoglimento e meditazione fremebonda*) .... Li consegna al Governo degl'imbecilli.

Tribuno operaio — (*continuando ad alta voce*) « Quando li vede ravveduti e li vuole felici, loro inspira coraggio ed ordina ad essi di scuotere il barbaro giogo. »

Il 2° gruppo di Decurioni — (*ripetendo come sopra*) .... di scuotere il barbaro giogo.

Il Decurione del 3° gruppo — (*ad alta voce*) « Popoli Pontificii! Voi soffriste abbastanza ».

Il Dec. del 4.° gruppo — (*ad al'a voce*) « La peste e la fame termineranno di mietere le vostre vite e quelle de' vostri figli.... »

Altro di altro gruppo — (*continuando*)..... « Se più tardate a porvi riparo. All'armi dunque, all'armi! »

Tutti — (*lasciandosi trasportare dall'entusiasmo*) All'armi dunque, all'armi!

Tribuno borghese — (*ad alta voce*) « Sia vostra divisa l'amor della patria » ...

Un gruppo — (*tornando a ripetere con meditazione sommessa*).... l'amor della patria.

Trib. operaio — (*ad alta voce*) « Carità per i vostri figli »:

Altro gruppo — (*ripetendo come sopra*) Carità per i vostri figli.

Presidente — (*levandosi in piedi e impugnando la bandiera verde e venendo avanti al banco sulla predella, segue leggendo con entusiasmo*) « Abbattere i despoti, — obbligare i doviziosi, — soccorrere gl'indigenti, — sia vostro solo proposito! »

I vari gruppi — (*ripetendo*). Si! Abbattere i despoti! obbligare i doviziosi! soccorrere gl'indigenti!

Vice-Presidente — (*impugnando l'altra bandiera e venendo a fianco del Presidente continua:*) « Voi non avete che a mostrarvi col vostro aspetto imponente, e l'Ordine e la Giustizia trionferanno! »

I vari gruppi — (*ripetendo*). E l'Ordine e la Giustizia trionferanno!

Tribuno borghese — « La Storia vi prepara un eminente grado fra gli eroi. Popoli, all'armi! »

Tutti — All'armi! All'armi!

Presidente — « Viva solo chi ama la Patria » . . .

Vice-Pres. — » Chi soccorre gl'infelici. »

Tutti — (*affollandosi a baciar le bandiere*) Viva! Viva! Viva!

Presidente — (*deponendo la bandiera*) Disponetevi ora a partire.

Vice-Presidente — (*deponendo c. s.*) E chetamente, e pochi alla volta. — E dovrete al ritorno giurare sul Vangelo la verità e la certezza di quanto riferirete al Maestro.

Presidente — Per la vita e per la morte! Sarebbe un tradimento l'errore; badate! Dipende da voi ch'io sappia scegliere il giorno; — quel giorno che troppo presto volevate sapere. — Badate! — Dunque io vi attendo alla Badìa di Fiastra. Il luogo è campestre, appartato, ma sulla strada maestra . . . .

Vice-Pres. — Dunque nessun sospetto per gente che venga o che vada!

Presidente — Il padrone della villa é mio intrinseco ed è papalino . . . .

Vice-Pres. — Dunque nessun sospetto che là si trami contro il Papa!

Presidente — Se è giorno di festa, od anche mezza festa, entrate a prima giunta nella Chiesa attigua. Mi troverete là dentro o alla messa o al vespro. — Andate.

(I Decurioni s'avviano all'uscio ed escono successivamente a piccoli gruppi e in silenzio durante tutto il seguito della scena. Di mano in mano che ciascuno esce, riceve dal Tribuno del contado la carta di picche e cuori. — Il Presidente rimane in piedi sulla predella del proprio banco e, incrociate le braccia, riflette.)

Vice-Pres. — (*a voce calma e con riflessione*) Tribuno operaio! A quasi mezza strada fra qui e Fiastra c' è un'Osteria.

Trib. operaio — (*come sopra*) Sì; a Sforzacosta.

Vice-Pres. — (*c. s.*) Da domani in poi vi metterete lì presso alle vedette, lungo quel tratto che va dall'Osteria al Poggio del Boschetto, — ma non più oltre! — . . .

Tribuno operaio — (*c. s.*). Conosco bene il luogo.

Vice-Presidente (*c. s.*)... Con tre fidati compagni a vostra scelta, di giorno e di notte, per mandare e ricevere avvisi, messaggi, allarmi.

Presidente — (*al Tribuno operaio*). Venite a ricevere la parola di riconoscimento (*gli parla all'orecchio*). — Ripetete! (*Il Tribuno parla all'orecchio del Presidente.*) — Siate cauto!

Vice-Presidente — Vi fingerete stradini, con pala e zappa.

(*Il Tribuno operaio esce. Breve pausa.*)

Vice-Presidente — Tribuno borghese e Tribuno del contado! Dovete subito recarvi, - a Bologna voi, e voi ad Ancona, - per dare il preavviso alle *Alte Vendite*. Eccovi i contrassegni. (*Dà loro due carte di picche e cuori.*)

Presidente — Andate — (*I due Tribuni escono. Sono a questo punto già usciti tutti i Decurioni.*)

SCENA IV.ᵃ

Presidente, Vice-Presidente ed Ospite.

Vice-Presidente — Siamo rimasti ultimi.

Ospite — Ma gli ultimi sono i primi!

Presidente — Le parti sono ora distribuite. — La vostra (*al Vice-Presidente*) la sapete. Voi restate qui, nel centro dell'azione, che io suscito da fuori. Io sarò la ruota, e voi l'asse.

Vice-Presidente — Vigilerò specialmente Monsignor Nembrini e il Gonfaloniere. L'uno è novello; ma quest'altro è volpe vecchia.

Presidente — Sta bene. Scambiamoci ora la parola. (*Si parlano all'orecchio abbracciandosi; poi seguono sommessamente:*)

Vice-Presidente — E che farne dell'ospite?

Presidente — Sia vostro ostaggio! — (*Forte*) Salute! — (*Il Presidente parte dall'uscio segreto a muro.*)

SCENA V.ª

Vice-Presidente ed Ospite.

Vice-Presidente — Sorella! Voi siete consapevole di rischiosissima impresa....

Ospite — E ne affretto col desiderio il compimento.

Vice-Presidente — Sarà infatti un segreto di pochi giorni. — (*Con intenzione*) Durante i quali, vorrete di grazia accettare ospitalità in questa casa, che è sicura e discreta.

Ospite — (*ingenua*) Vi ringrazio, fratello. Mi preme proseguire per Ascoli, a visitarvi i nostri, come qui.

Vice-Presidente — (*seriamente*) Ma non prima delle ore ventuno, che sonerà il campanone di Macerata!!

Ospite — (*colpita*) Come?!. — Voi dunque vorreste?!

Vice-Presidente — (*sonando il campanello, al Custode che si ferma sulla soglia.*) Qui, da oggi in poi, restate agli ordini della nostra cara Sorella in tutto quanto le occorra; — purchè (*imperioso*) non le occorra... di uscire!! — (*Si inchina alla Signora ed esce dall'uscio segreto, che poi si sente di dentro richiudere a chiave.*)

SCENA VI.ª

*Il **Custode**, che si avanza di qualche passo in attesa di ordini, e **Detta**.*

Ospite — (*tra inquieta e mortificata con agitazione*). Oh, l'ignobile dubbio, oh, l'iniquo sospetto, oh, l'improvvida violenza, sopra di me, intemerata! Ma di che diffidano,... di che hanno paura..., — di che? Della mia fede..? — Della fede mia!! (*inorridita*).

Custode — (*con premura*) Oh no, non lo pensate!.. — (*rimettendosi*) Nè io voglio pensarlo!

Ospite (*come sopra*) — Ah, questa vergogna risparmiatemi almeno! Dubitare della fede mia!!

Custode — Sugli occhi vostri appare scritta... sta scritta la lealtà.

Ospite — (*smaniosa*) Ma che temono allora,... che altro in me temono costoro?!...

Custode — Povera donna!

Ospite — (*come afferrando un'idea suggeritale da queste ultime parole*) Povera donna, voi dite? Avete forse ragione. E' così grave la posta che giuocano questi uomini! Povera donna che sono! Povero sesso nostro! — Ma è forse giusto. (*Rassegnandosi*) Qua la mano... (*e quasi sorridente*) fratello... carceriere! (*Va a stringere le mani al Custode, che la guarda sostenuto, ma pur commosso.*)

Cala lentamente la tela.

PARTE II.

Salone d'anticamera, con due porte nel fondo, una delle quali è la comune e l'altra mette ad un appartamento. Altre porte da un lato, che mettono pure ad altri appartamenti. Due finestre a cristalli colorati nella parete opposta. In quella stessa parete un'invetriata, che lascia apparire il passaggio d'un cavalcavia praticabile. Stemmi, armi e panoplie qua e là. Oscilla il pendolo d'un grosso orologio. Da qualche pittura del salone si avverte che questo era l'antico Refettorio del Convento. Tra le due porte del fondo, sotto un'immagine con cornice a rilievo della Madonna, arde una lampada. — La scena è rischiarata da tre ricchi candelabri, che tre servi in livrea tengono in mano, stando presso le tre porte degli appartamenti, in atto di sollevar le portiere.

SCENA I.ª

Il **Marchese**, sotto braccio al **Conte Galli**, e il **Gentiluomo**, in abito signorile di viaggio, entrano discorrendo dal fondo.

Marchese — Volevo ben dire che non fosse uno dei tuoi soliti eccessi! Ecco l'amico, che arriva difilato da Roma, e ci dice invece che il buon Chiaramonti è in piena convalescenza. Ringraziamone Iddio.

Gentiluomo — Anzi, a quest'ora, lo posso dire guarito.

Marchese — Sicuramente! Quando ve l'ha detto Lorenzo, che gli sta sempre in camera e ne sa più lui che il Papa!...

Gentiluomo — Proprio lui; ier mattina.

Il Conte — (*sorpreso e colpito*) Ier mattina?!...

Gentiluomo — (*quasi riprendendosi e verso il Marchese*)

Eh! voi sapete ch'io ci capito spesso nelle anticamere apostoliche.

Il Conte — (*insistendo*) Ier mattina?! Che viaggio da scavezzacollo da Roma a qui!

Gentiluomo — (*deviando il discorso*). Pare che al nostro Cesare questa risurrezione del Vicario di Cristo non vada giù!

Il Conte — Chi vi ha detto questo? Tanto meglio anzi pel Beatissimo Padre.

Marchese — E meglio anche per la Chiesa.

Gentiluomo — E meglio anche per noi possidenti. Dacchè Sua Santità s'è messa, giusto quest'anno, a diminuire le tasse comunali . . . .

Il Conte — Potrete dunque tenere una pariglia di più e un buon soprannumero di livree, diamine!

Gentiluomo — Alquanto sarcastico il Conte! Come se anche lui non fosse milionario!

Marchese — Possiamo insomma . . . — tutti e tre — andare a letto tranquilli, grazie alla vostra buona novella (*stringendo al Gentiluomo ambe le mani*), mio caro. — Voi siete stanco. — Felice notte.

Il Conte — Felice notte.

Gentiluomo — Felice notte.

(Il Marchese e il Gentiluomo entrano, seguiti dai servi, nei rispettivi appartamenti. Anche il Conte s'avvia al suo verso il fondo.)

Il Conte — (*al servo che è rimasto in attesa che il Conte entri*) Precedimi. — (*il servo entra.*)

SCENA II.ª

Il Conte solo. La scena è debolmente illuminata dalla lampada.

Il Conte — Felice notte!! Una terza notte d'insonnia! — (*Pausa.*) La rivolta é fallita; lo vedo; lo so. Ma come?... in quale maniera?... — con quali circostanze?... — Nessuno lo dice; nessuno lo sa; nessuno se n'è accorto! Quì, non se n'è manco fiatato! — Appena due colpi di fucile — due di numero! — su quella meschina sentinella di porta S. Giorgio... — E non fu nemmeno quella sera, no; — fu nel mattino; poco prima dell'alba; e fu forse.... un tiro di saccheggiatori!! Nemmeno il suono del campanone si sentì quella sera... — e stetti bene in ascolto! — e da quella sera non s'è più sentito! — Tutto è calma e silenzio; come se niente fosse; come qui; in questa Badia! — Tre o quattro arresti, è vero; — e, dio santo! fra i membri più cari e più fidi!! ... — ma tutto alla sordina, senz'apparato, senza precipitazione, senza dirne o trapelarne il perchè. Dunque la rivolta è fallita! Ma come è fallita?! senza nessuna circostanza?! in nessuna maniera?! — Fallita in nessuna maniera! Ma io vaneggio; è un controsenso! — (*Breve pausa*). Felice notte!! Andare a letto! — (*Con istantanea risoluzione*) Se andassi invece a Macerata? subito, adesso?... — (*Riflettendo*) Andare in bocca al lupo! Mentre quì m'è asilo l'ospitalità dell'amico; m'è immunità la chiesa consacrata, e ne tocco quasi la parete! Restare!? E se sarò scoperto? E se lo fossi di già!.. — Dare all'amico, buono e pio, il rammarico, — forse la vergogna! — di ospitare un Capo Settario, un Framassone, un Carbonaro!?. — (*A questa ultima parola, tre razzi di fuoco artifiziale illuminano rapidamente dai cristalli delle finestre la scena.*) Ah!! Il segnale! (*Corre alla soglia dell'appartamento e chiama verso l'interno*) Antonio! Antonio! (*Torna il servo*) Corri ad aprire il portone. Giungono amici. Sbrigati e silenzio! — (*Il servo via dalla comune*). Finalmente! È un raggio di speranza!

Forse ancora qualche filo si rannoda. — Ma bisognerebbe stare almeno sul Tronto... o meglio sul Pescara...; qui il terreno vacilla! O se invece venissero a chiedere scampo?!.. — Dove ho (*cercandosi per la persona*) la chiave della chiesa? Eccola. — (*Ode rumore di passi.*) Eccoli!

SCENA III.ª

Custode in abito da manovale; **Tribuno operaio**, da stradino, con pala e zappa sul braccio e a tracolla una sacca di ruvido cuoio, propria del mestiere; **Elena** incappucciata come alla 1ª Parte; e **Detto**. — (Tutta la scena seguente è in tono concitato, affannoso e a voci represse).

Il Conte — (*prorompendo verso loro impetuosamente*) Contro il « Governo degl'imbecilli » gl'imbecilli della rivolta! Che avete fatto, o... che non avete fatto, insensati! Perdere l'Italia, così!! — E mi venite avanti... a che fare?!...

Trib. operaio — A salvar qualche cosa!

Elena — A salvar forse voi, fratello Maestro!

Il Conte — È dunque tutto perduto?

Trib. operaio — Chi sa?... Non ancora — forse! — Ma il Vice-Presidente è arrestato...

Custode — E anche il Segretario...

Trib. operaio — E il Tribuno borghese, e il Tribuno Montegranaro, e il Decurione Carletti a Sant'Elpidio, ed altri...

Il Conte — Lo so. Ma spiegatemi dunque!...

Trib. operaio — Era tutto pronto. Si erano fatti miracoli in poche ore...

Custode — Cinquanta già stavano lì nel sotterraneo che dà sulle mura...

Trib. operaio — E gli altri pure, ai loro posti, per uscirne armati al primo tocco...

Elena — Io aspettava sulla terrazza il suono della campana; sulla terrazza della prigione che mi deste...!

Il Conte (*impaziente*) — Insomma!?...

Trib. operaio — Erano le ventun'ore. Andiamo alla Torre. Tre dimeniamo le corde, poi cinque, poi tutti e dieci... — Niente!!

Elena — La campana era muta!

Custode — Non c'era più il battaglio!!

Trib. operaio — Sì, c'era; ma di legno!!!

Il Conte — Disgraziati! Eravamo dunque traditi?!..

Elena (*e gli altri quasi ad una voce*). No, no! Nessuno ha tradito!

Trib. operaio — Quel cane di poliziotto...

Custode — Mattioli!

Trib. operaio — Fiutò all'ultim'ora qualche trama segreta...

Elena — Quell'affaccendarsi, quella preoccupazione di molti....

Trib. operaio — E tutta gente che dava sull'occhio! L'avvocato Castellano, il dottor Fioretti, Rossi, Palmieri,...

Custode — Filippucci, Cottoloni, Cerquetti, Tamburini,...

Trib. operaio — E si moltiplicarono quel giorno!...

Elena — L'ansietà, la fretta di quell'andare e venire per le ultime intese... — Oh, li conosco i segugi di Polizia!

Custode — Mattioli sospettò!

Trib. operaio — Suppose, — di testa sua forse! — che gente si facesse a suono di campana...

Il Conte — E cambiò il battaglio; ho capito. — Ma voi nulla vedeste, scimuniti?!

Trib. operaio — Io giungeva appena da Sforzacosta!...

Custode — Io aveva questa consegna... (*indicando Elena*); e... fortuna per noi!

Elena — A mezzodì...

Custode — A mezzodì la torre scampanava come al solito.

Elena — Allora m'affaccio. Vedo più persone sulla torre. Non ci feci caso. — Vedo più tardi un agitarsi lassù, e delle travi come per un assito. Non m'insospettì. Anzi...

Custode — Li credemmo de' nostri. Mi chiamò; mi fece guardare; guardai... — Li credemmo de' nostri! Vi si dovea difatti preparare sull'ottagono i quattro bracieri per i fuochi della sera.

Elena — Era dunque — o pareva! — un nostro preparativo. — Il tempo vola. Siamo alle ventun'ore. Mi metto convulsa in ascolto...

Trib. operaio — (*con rabbia*). Ma il campanone era muto!

Elena — Un lampo di sospetto mi fulmina...!

Custode — Tutto era quieto; nessuno accorreva...

Trib. operaio — Nessuno doveva!..

Custode — E il campanone era muto sempre!

Elena — Presto, fratello!!...

Custode — Mi grida dall'altana: presto, fratello! Trafugate ogni scritto!... Siamo già scoperti!.. Portate quassù!

Elena — Così fece. — V'erano lassù cinque vasi d'agrumi fiorenti. Ne levo la terra e li riempio di carte nel fondo. Intanto al disotto si sentiva rumore!..

Custode — Era già perquisita la sala dalla Polizia. Mattioli dirigeva. Tutte le stanze sossopra Si frugava per tutti i nascondigli...

Elena — (*trionfando*). Ma lassù, — all'aperto! — non vennero! Lassù, dove l'arancio fioriva sopra il deposito sacro... — all'aperto!, — non vennero!!

Il Conte — Non vennero! Dio santo! É una rivincita. Contro il poliziotto, — la donna!!

Custode — Povera sorella! Rimase chiusa lassù, sola, due giorni e due notti,...

Trib. operaio — E un diluvio fu quella notte!

Custode — .... Senza dormire, senza mangiare!

Il Conte — (*va per abbracciarla*). Sorella mia!

Elena — E... (*presentando aperta la sacca che prende dal Trib. operaio*) rieccovi le carte. — (*Il Conte ed Elena si abbracciano commossi. — Breve pausa*)

SCENA IV.ª

Torna il **Servo** affannosamente, e **Detti**.

Servo — Eccellenza! Si sente al difuori rumore di passi! Si sente uno sbattere di sciabole!.. Sembrano gendarmi!

Il Conte — Ah!.. — L'ultimo rifugio! Salviamoci tutti! — (*al Servo*) Corri con questa (*gli dà la chiave*) ad aprire la chiesa. Ora veniamo. (*Il servo via. — Agli altri*) Distruggiamo le carte; quà nel caminetto. Entrate. (*Entrano rapidamente.*)

SCENA V.ª

Rimane vuota qualche momento. Da lì a poco l'orologio della Badia suona mezzanotte. Il **Gentiluomo**, pallidissimo, si affaccia dall'uscio del suo appartamento. Poi si avanza.

Gentiluomo — Ci siamo. (*Guarda l'orologio della sala*) É l'ora. — (*Guarda dalle finestre, spalancandole*) L'accerchiamento è fatto. — (*Trae un foglio dal petto e lo spiega*) Ecco l'ordine di cattura. — Andiamo. — (*S'avvia verso l'uscio del Conte, ma con passo incerto e con visibile sforzo.*) Eppure non credevo che fosse piazza San Pietro questa sala:

Mi ci vuol tanto ad arrivare a quell'uscio! — (*Rinfrancandosi*) Eh via! Gentiluomo di spada e cappa! Sanfedista! — (*Poi con energico moto di risoluzione*) Contro Satana!! Andiamo! — (*Picchia con colpo naturale, all'uscio del conte*) Cesare! — Dormite?

Il Conte — *(di dentro)* Chi è?

Gentiluomo — Sono io. — Amici.

SCENA VI.ª

Il Conte si presenta sulla soglia. Dietro lui, dall'uscio, traspare un chiarore rossastro di fuoco che divampa. Sono le carte che ardono.

Il Conte — (*tranquillamente dalla soglia*) Oh! Ancora in piedi? E così stanco! E così pallido! — Voi volete avvisarmi di cosa che già so. Grazie. Ho visto già tutto dalla finestra. — Buona notte (*Fa per rientrare*).

Gentiluomo — (*convulso*) Aspettate..! — Guardate..! — Ho quest'ordine! — (*Rimettendosi fieramente*) Conte Cesare Gallo! Siete mio prigioniero!

Il Conte — Ah!! Tizzone di Santufficio! (*Lo respinge violentemente pel petto*) Indietro, Giuda! — (*E mentre corre ad una panoplia*) Alla chiesa presto, fratelli! (*E traendo dalla panoplia uno spadone*) Sgombra,... o... difenditi!

SCENA VII.ª

Questa scena e la seguente devono essere così unite, da sembrare tutt'una. **Tribuno operaio**, **Custode** ed **Elena**, accorrendo precipitosi, e **Detti**.

I tre sopraggiunti — (*insieme*). Tradimento! Fellonia! Tradimento!

Il Conte — (*quasi contemporaneamente*). Salvatevi alla chiesa!

Gentiluomo — (*quasi contemporaneamente*). Aiuto, Ca=

pitano! (*gridando al difuori della finestra, e poi tosto rivoltandosi*) Chi si muove, lo stendo! (*ha puntato una pistola a due canne. E tornando alla finestra*) C'è un covo di banditi qua dentro! (*S'odono intanto dal difuori forti colpi al portone.*)

SCENA 8.ª

Il **Servo** accorre ansante dalla comune.

Servo — Inchiodano la Chiesa! (*e via subito.*)
Il Conte — Non c'è più scampo!
Elena — È troppo tardi!
Trib. operaio e Custode — (*cavando i pugnali e mirando a slanciarsi contro il Gentiluomo*) Vendetta dunque! Morte!
Gentiluomo — (*correndo da una finestra all' altra*) Aiuto, Capitano! — (*e rivoltandosi*) Chi s'avvicina, lo stendo! — (*E tornando alla finestra*) C'è un covo di banditi!

SCENA ULTIMA

In questo momento di lotta estrema, la cui azione deve essere stata rapidissima, il **Marchese**, preceduto e seguito da servi con lumi e bastoni, entra precipitoso e irruente dal cavalcavia dell'invetriata.

Marchese — (*al Gentiluomo, che ne resta fortemente colpito*). Bandito siete voi! Che, — peggio che da ladro — qui entraste, sciagurato! Qui ... dove nemmeno il gendarme — che inutilmente voi chiamate — ardisce introdursi! — Rivoltate quella pistola . . . . . sulla fronte vostra! — (*Al Conte*) Giù la spada, forsennato! — (*Ai due Carbonari*) Via i pugnali, canaglia! — Traditori tutti!! — Voi primo (*al Gentiluomo*), vigliacco!... uscite!!! (*I quattro servi muovono verso il Gentiluomo, che resta immobile, sdegnoso e convulso.*) E voi (*al Conte, ad Elena e*

*agli altri due), dannati dell' inferno !, — razza di dannati ...
(ironico)* che cerca rifugio in chiesa !, — *(cambiando improvvisamente tono e con rapida premura)* ... passate pel Coretto .. salvatevi qua .. *(accennando il cavalcavia), giacchè ..
(quasi solenne)* santo è l' ospite ! —

(A queste parole, mentre già il Gentiluomo fa per venire avanti minaccioso, e i servi gli sbarrano contegnosi il passo, il Conte si pianta sereno nel mezzo.)

Il Conte — Oh, grazie, Marchese — *(poi quasi riprendendosi)* .... del vostro atto, — grazie! — *(Poi volgendosi ai tre)* Salvatevi dunque! *(I tre gli fanno corona per farsi precedere da lui verso il Coretto)* — Lasciatemi! Obbedite! *(Imperiosamente)* Ancora sono il Maestro!! — *(I tre si scostano rispettosi. Il Conte, dopo breve pausa, prosegue con accentuazione solenne)* Grazie, Marchese, ... per essi! — Voi credeste ospitare il Conte Cesare Gallo ; non il Settario! — Del vostro errore..., dell' inganno mio..., della fallita impresa... — oh! santa impresa, che trionferà vivaddio un giorno! — me ne debbo far pagatore, — anche a prezzo della mia vita, — io stesso! — *(Si avvia a fronte alta verso l' uscita comune).*

Gentiluomo *(con sogghigno di trionfo e in atto di voler seguire il Conte).* Ah, siete ancora dunque in mie mani !

Marchese — *(al Gentiluomo e in tono di comando).* In quelle de' miei servi siete voi ! *(I servi impassibili e senza colluttazione impediscono il Gentiluomo).*

Il Conte — *(procedendo verso l' uscita.)* Sarò in quelle dei gendarmi ... — *(movimento generale per trattenere il Conte; il quale, già giunto sulla soglia e voltandosi con supremo disprezzo al Gentiluomo :)* ... non nelle vostre ! *(via).*

Cala il sipario

Printed by Libri Plureos GmbH in Hamburg,
Germany